RÉFLEXIONS
SUR
LES SERMENS.

Prix Quatre sols franc de port.

A PARIS,
DE L'IMPRIMERIE DE GUERBART,
rue du Battoir, S. André-des-Arts, n.° 8.

1797.

AVIS.

La Révolution a produit des évènemens si inattendus, nous a mis dans des situations si critiques, et a exigé de nous des témoignages de fidélité si peu usités et sur lesquels on avoit si peu réfléchi jusqu'à présent, que plusieurs sont incertains et inquiets sur ce qu'ils doivent faire. C'est un grand tourment d'être entre sa conscience et des ordres pressans. C'est pourquoi nous avons recueilli différens petits écrits détachés qui nous ont paru propres à éclairer les esprits par les principes de Droit Divin et de Droit Naturel qu'ils contiennent.

Principes pour le Gouvernement du Monde.

Dieu est le seul maitre absolu et éternel de l'Univers. C'est lui qui gouverne tout le Monde par les différens modes qu'il établit et qu'il change comme il veut et quand il veut.

La Monarchie est le Gouvernement d'un seul d'après une Constitution.

La République est un Etat régi par les Mandataires du Peuple.

Quelque soit le mode du Gouvernement, c'est toujours Dieu qui règne, et c'est à lui qu'on est soumis ou qu'on résiste.

Quand le Gouvernement fait et suit de bonnes loix, et rend le Peuple heureux, c'est Dieu qui le traite dans sa bonté et à qui il en est redevable.

Quant au contraire le Gouvernement abuse de sa puissance et rend les sujets malheureux, c'est Dieu qui les traite dans sa justice.

De quelque manière que Dieu traite les hommes, ils lui doivent une soumission sincère et un amour souverain.

Le dessein final du Créateur a été de faire des heureux pour l'éternité par le bon usage qu'ils feroient des biens et des maux temporels.

Un Gouvernement équitable et paisible est un moyen temporel, par lequel il est plus facile de pratiquer la vertu et de mériter le bonheur.

Un Gouvernement injuste et turbulent est un moyen temporel par lequel on peut, quoique plus péniblement, pratiquer la vertu et mériter le bonheur.

Ces deux espèces de Gouvernemens capables de nous conduire au bonheur, méritent donc notre soumission, parce qu'ils nous viennent de Dieu, et qu'ils conduisent à la même fin par le bon usage qu'on en fait.

Ceux qui n'ont que des yeux de chair, et qui ne croient que ce qu'ils voient, ont bien de la peine à comprendre ces vérités. Elles n'en sont pas moins constantes.

Sur le Serment.

Il est certain que c'est Dieu qui préside à tous les événemens, même criminels, pour en tirer sa gloire.

Attingit à fine usque ad finem fortiter et disponit omnia suaviter. La Sagesse atteint depuis une extrémité jusqu'à l'autre avec force, et dispose tout avec douceur. *Sap.* c. 8.

Ego Dominus faciens pacem et creans malum. C'est moi qui suis le Seigneur qui fais la paix et qui crée les maux. *Is.* c. 45. v. 7.

Universa propter semetipsum operatus est Dominus, impium quoque ad diem malum. Le Seigneur a tout fait pour lui, et le méchant même pour le jour mauvais. *Prov.* c. 16. v. 4,

Il est certain que c'est Dieu qui a substitué la République à la Monarchie, et que par-là il nous a soumis à son empire.

Omnis Potestas à Deo est.... Quœ sunt, à Deo ordinatœ sunt.... Ideo necessitate subditi estote, non solum propter iram, sed etiam propter conscientiam. Il n'y a point de Puissance qui ne vienne de Dieu, et c'est lui qui a établi toutes celles qui existent. Il est donc nécessaire de vous y soumettre, non seulement par la crainte du châtiment, mais aussi par le devoir de la conscience. *Saint-Paul aux Rom.* ch. 13.

Or on ne peut servir deux maîtres, dit Jésus Christ ; on *haïra* l'un et on *aimera* l'autre. On doit donc, dans le sens de cette maxime et d'après ces paroles, haine à la Royauté et antachemeut à la République.

Nemo potest duobus Dominis servire, aut unum odio habebit, et alterum diliget. Nul ne peut servir deux maîtres, car ou il haïra l'un et aimera l'autre etc. *S. Matt.* c. v. 24. c. 6.

Sauf les devoirs religieux qui sont, sans contredit, indépendans de toute Puissance civile et temporelle.

Oportet obedire Deo magis quam homini-

bus. Il faut obéir plutôt à Dieu qu'aux hommes. *Ac..* c 5. v. 29.

Sur le Serment de haine à la Royauté.

Le serment de haine à la Royauté paroît affecter bien diversement plusieurs personnes. Les uns y sont très-opposés, les autres paroissent déterminés à le faire par la nécessité, quoiqu'avec répugnance : D'autres, enfin, sont indécis; et ne savent que penser et que faire. Pour se décider, il suffit de considérer :

1°. Que ce serment n'est contraire à aucun article de la foi.

2°. Qu'il n'est point opposé à la charité, puisqu'il n'attaque aucun individu, et qu'il n'a pour objet qu'une abstraction, un mode de Gouvernement.

3°. Qu'il attaque une formalité qui n'est prescrite, ni condamnée par aucun précepte.

Puisque la Religion ne le défend pas, il est visible qu'on ne peut être empêché de le faire que par l'opinion, qui, comme dit Paschal, est une maîtresse d'erreur, et qui malheusement, domine presque tous les hommes. Il n'y a cependant que la seule lumière de la vérité qui doive déterminer tout homme sage. Or, ne dit-elle pas qu'il est non-seulement permis, mais même juste de préférer ses plus réels et ses plus chers intérêts à l'opinion, quelqu'ancienne, quelque générale qu'elle soit.

Si quelqu'un vient à moi, et ne hait pas son père, sa mère, etc. Ces paroles de Jésus-Christ, m'indiquent-elles pas le sens de ce mot de haine à la Royauté. *Saint-Luc*, chap. 14. v. 26.

La République étant établie et reconnue même par les Puissances étrangères. exige que je rejette la Royauté; (car c'est tout ce que peut signifier ici le mot de haine), que je promette de me soumettre à elle, sous peine de me regarder comme un ennemi et de me traiter en conséquence, sous peine de me priver de mon Culte; ne puis-je pas, ne dois-je pas préférer mon intérêt le plus précieux à mon opinion?

Mais, comment, déclarer une haine que je n'ai pas, dira-t-on, contre un mode de Gouvernement qui n'est pas mauvais, qui a été même établi de Dieu? A Dieu ne plaise qu'on le condamne en lui-même et absolument, puisqu'il peut être utile dans d'autres Etats et même en France, dans d'autres temps. On ne le renonce et on ne le rejette actuellement que parce qu'il est opposé à la forme présente du Gouvernement, parce que la préférence qu'on donneroit à la Royauté, bouleverseroit l'ordre et la tranquillité de la République, causeroit la perte totale du Culte et les plus grands maux temporels. Tout homme sensé ne peut donc pas balancer. Ses intérêts les plus chers doivent régler ses sentimens, et comprimer ses anciennes opinions. Le serment en question ne peut donc être défendu.

Ces réflexions ne convaincront pas tout le monde, parce que l'opinion, dit Paschal, est pour plusieurs une seconde nature. La vérité ne se sent que dans le silence des passions.

Ce seroit sans fondement qu'on diroit que la Noblesse, en faisant ce serment, manqueroit au serment de fidélité fait au Roi.

1°. Tous les Nobles ne faisoient point de serment : Il n'y avoit que ceux qui possédoient des places ou des fiefs..

2°. Ce n'est pas à l'individu du Roi qu'on prête le serment, puisqu'il n'est qu'un homme comme un autre homme ; c'est à l'autorité de Dieu dont il est le Représentant et l'organe par sa place ; mais, dès que la suprême autorité est transmise à la République substituée à sa place ; c'est à la République qu'on doit soumission et fidélité ; n'importe de quelle manière il ait plu à Dieu d'opérer le changement.

Ce Serment étant conforme à la vérité et à la justice, étant de plus le seul moyen de conserver publiquement le vrai Culte, non-seulement il est permis de le faire, mais on y est obligé pour obéir à Dieu et par charité pour le prochain, malgré toutes les répugnances du préjugé. On ne peut que plaindre ceux qui en sont les dupes et les victimes.

Beaucoup d'esclaves de l'opinion ne manqueront pas de condamner sévérement le Serment et ceux qui le feront; mais un Chrétien, sur-tout un Prêtre, doit répondre avec Saint-Paul ! *Peu m'importe d'être jugé par vous, ou par qui que ce soit; c'est le Seigneur qui est mon juge.* 1 Ep. aux Cor. ch. 4 v. 3 et 4.

Il faudroit se boucher les yeux pour ne pas voir en France une Puissance qui domine. Or, selon Saint-Paul aux Romains, ch. 13. Il n'y a point de Puissance qui ne vienne de Dieu. C'est lui qui a établi, n'importe comment, toutes celles qui existent : Celui donc qui s'oppose à la Puissance résiste à l'ordre de Dieu, et ceux qui s'y opposent, attirent sur eux la condamnation...... Il est donc nécessaire de s'y soumettre, non-seulement par la crainte du châtiment, mais aussi par le le devoir de la conscience. Comment, après cela ne pas faire céder son opinion et son goût à son devoir, qui est d'être soumis par conscience à la Puissance sous laquelle on est. On doit donc avoir éloignement pour tout autre Puissance puisqu'on ne peut servir deux maîtres : Et cet éloignement peut être désigné par le mot de haine comme on le voit par ces paroles du Sauveur : *Si quelqu'un vient à moi et ne hait pas son père, sa mère, etc.*

On voit beaucoup de personnes qui s'affligent du mot de *haine*, contenu dans la formule du Serment ; c'est qu'on ne fait pas réflexion qu'aucune autorité civile et temporelle, n'a ni le droit, ni la puissance de dominer sur les esprits, ni condamner aucun acte intérieur. Tout ce quelle peut faire, se réduit à régler l'extérieur, et à maintenir la tranquillité de l'Etat. Aussi, la Constitution a-t-elle reconnue et avoué la liberté des opinions mêmes religieuses. Le mot de *haine* ne peut donc signifier, ici, qu'un renoncement et un éloignement extérieur de la Royauté, et une promesse de ne prendre aucune mesure pour la rétablir, quelque opinion qu'on puisse avoir.

Que les hommes sont à plaindre de se fatiguer et de se troubler pour des mots, en leur donnant arbitrairement, chacun leur sens, au lieu de chercher avec désintéressement la vérité, et de la suivre avec fermeté, sans respect humain ! Que de malheureuses suites n'entraînent pas l'entêtement du préjugé et de l'opinion, même en fait de religion et de piété.

FIN.

AVIS.

L'on trouve chez le même Libraire, les articles suivans.

Bref de N. S. P. le Pape, en date du V. Juillet 1795; 3 sols, francs de port.

Le Bref prouvé authentique, suivi de quelques réflexions et de pièces justificatives. 12 sols fr. de port.

Exposé des principes sur le Serment de Liberté et d'Egalité, et sur la Déclaration exigée des Ministres du Culte, par la Loi du 7 Vendémiaire, l'an IV, par M. de Beausset, Evêque d'Alais. 48 s. f. de p.

Réflexions sur la déclaration exigée des Ministres du Culte, par la Loi du 7 Vendémiaire. Par le même Auteur. Prix 5 sols franc de port.

Observations sur une Lettre d'un Vicaire Général de Toulouse, relative au Serment de Liberté et Egalité. 6 sols franc de port.

Le Missionnaire Catholique, ou Instructions familières sur la religion, en réfutation des préjugés, des erreurs et des calomnies par lesquelles elle a été attaquée durant la persécution présente. A l'usage des Fidèles de l'Eglise de France. 3 liv. 10 s. franc de port.

Entretien en forme de dialogue, sur les préjugés du temps contre la Religion. Ouvrage utile aux personnes des Villes et des Campagnes dont la foi a été ébranlée dans ces derniers temps.

Mémoire sur cette question : Les Religieuses peuvent-elles aujourd'hui, sans blesser leur conscience, recueillir des successions et disposer par testament ? Leurs Supérieurs peuvent-ils, doivent-ils même leur en accorder la permission ?

Nota. Il se chargera volontiers de faire passer dans les Départemens les Ouvrages qu'on lui demandera en faveur du Culte catholique.

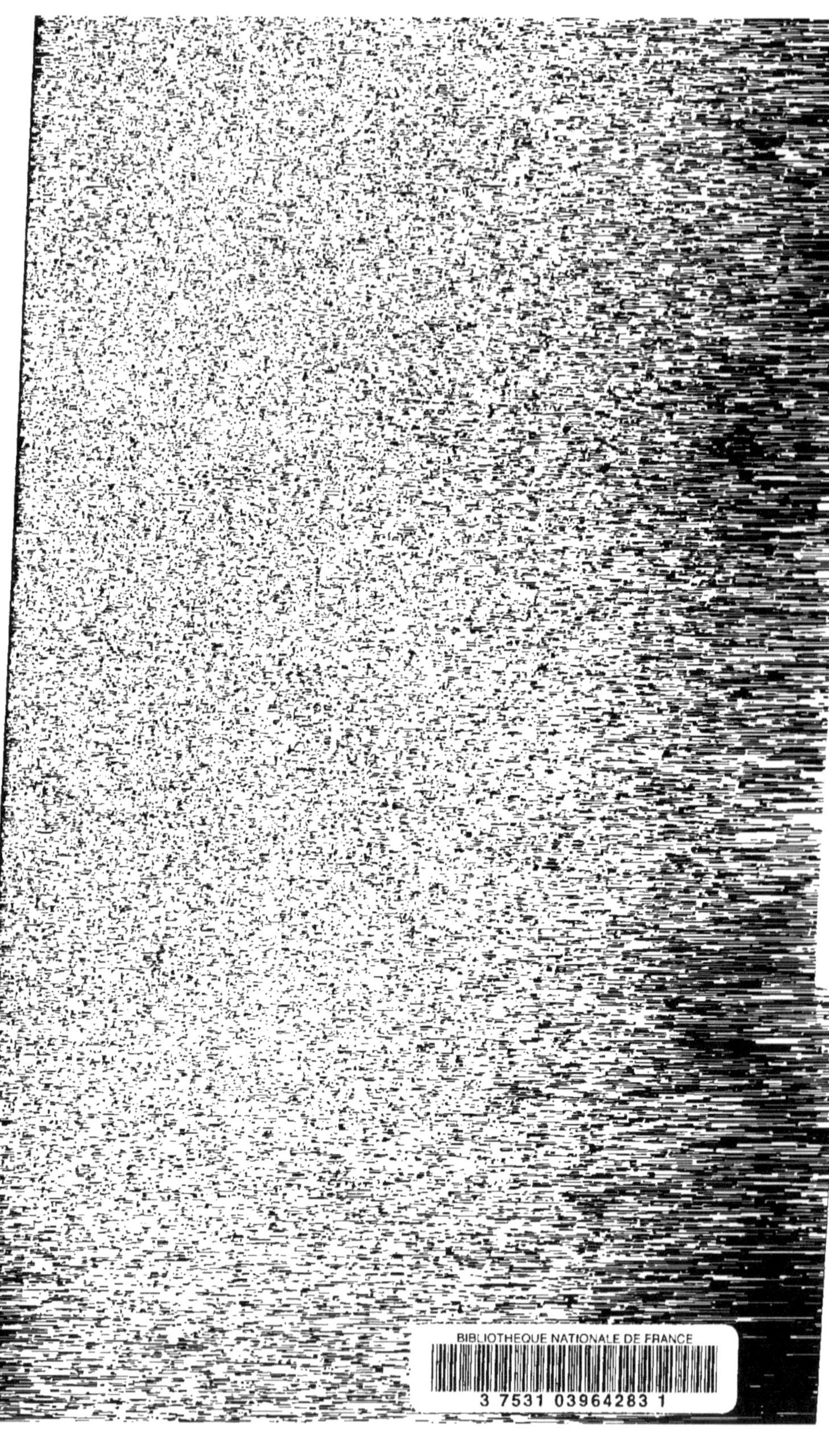

www.ingramcontent.com/pod-product-compliance
Lightning Source LLC
LaVergne TN
LVHW020517230826
846091LV00008BA/3491

* 9 7 8 2 0 1 6 1 3 9 6 9 1 *